A MONSEIGNEVR,

MESSIRE CHRISTO-PHLE DE THOV, CHEVALIER,

Seigneur de Cely, Bonneuil, Steins, & sainct Germain, Conseiller du Roy en son priué Conseil, & premier President en sa Court de Parlement,

Hymne de G. AVBERT, Aduocat en la mesme Court.

Auec la Traduction Latine de Sceuole de Saincte Marthe, Conseiller du Roy, et Contrerolleur General de ses Finances en Poictou.

A MONSEIGNEVR MESSIRE

CHRISTOPHLE DE THOV, CHEVALIER,
seigneur de Cely, Bonnueil, Steins, & S. Germain,
Conseiller du Roy en son priué Conseil, & premier
President en sa Court de Parlement, Hymne de G.
Aubert, Aduocat en la mesme Court.

AFIN que voz vertus, Monseigneur, on contemple
Plus belles d'age en age, & qu'elles soyent l'exemple
De tous voz successeurs, pour mieux leur faire voir
D'vn si grand Magistrat l'honorable debuoir :
Ie veux en tesmoignant la iuste reuerence
Que chacun doibt au chef qui ha sur luy puissance,
Les dire & consacrer à la Posterité,
Voire si ie pouuois à l'Immortalité.
    Bienheureux est celuy, auquel durant sa vie
La louänge & l'honneur font seure compaignie :
Mais beaucoup plus heureux est celuy, dont le nom
Reuit apres sa mort par vn sacré renom,
Et duquel a iamais les hautaines louanges
Volent de son pays iusqu'aux peuples estranges.
Tels honneurs immortels naissent es seuls escrits
Que font heureusement les celestes esprits,
Qui scauent separer, exempts de menterie,
Le veritable honneur d'auec la flaterie.
Bien peu scauent cest art, quoy que tout l'vniuers
Ilz se dient remplir de l'orgueil de leurs vers,

Songer

AD AMPLISSIMVM VIRVM,

CHRISTOPHORVM THVANVM, IN
intimo consilio Regis consiliarium, & Parisiensis Curiæ primum Præsi-
dem. G. Alberti causarum in eadem Curia patroni Carmen Latine
redditum à Scævola Sammarthano, Consiliario Regio, & AErary apud
Pictones Antigrapheo.

QVO` mage virtutis ventura per æua nitescat
   Fama tuæ, serisq; exempla nepotib°olim
Præbeat istius summa cum laude gerendi
Muneris, excelsum tua quo te Gallia cernit,
Hanc ego longinquis conabor tradere sæclis,
AEternis etiam, tenuis si tanta Camœnæ
Vis foret, vt nostris qualem primorib°æquum est
Reddere nos, grato tibi pectore tester honoré:
  Ille quidem verè est fœlix, cui gloria viuo
Fida comes, sed enim longè fœlicior ille est,
Cuius supremo rediuiuùm è funere nomen
Surgit, & extremas pergit volitare per auras.
Hoc autem soli possunt præstare Poëtæ,
Cœlestis gens ingenij, quæ pectore puro
Spernit adulantis mendacia turpia turbæ,
Vnumque aspiciens intento lumine Verum
Immeritis meritas nouit secernere laudes.
Cōcessum id paucis: quáuis sibi quilibet horum
Arroget has demens artes, totumq; per orbem
Quisque suos spargi versus, quisq; omnia noctis

A ij   Tempora

Songer toutes les nuicts des crouppes Parnassines,
Et boire tous les iours les ondes Pegasines.
Leurs songes & leurs eaux ne seruent qu'a songer
De quelque hideux monstre vn pourtrait mensonger,
Vn my-cheual Centaure, vne Hydre, vne Chimere,
Vne Gorgonne horrible, & vn triple Cerbere :
Et telz autres diuers inutiles tableaux,
Que paignent en songeant leurs agiles cerueaux.
    Ce ne sont, Monseigneur, ces masques effroyables,
Qui doibuent illustrer les vertus veritables.
Rien n'est si bien receu de la posterité,
Comme la simple, nue, & pure verité,
Qui de riches atours n'est ardamment auare,
Ains d'vn modeste habit se contente & se pare.
Ainsi le diamant largement estendu
Ne veut de force esmail estre plus beau rendu :
Ains assez precieux de soy-mesme, il se passe
Qu'auec vn petit d'or sa grand' table on enchasse.
    Donques en recitant voz vertus, Monseigneur,
Ie ne veux enrichir grandement mon labeur
D'vn poëme esmaillé de fables estrangieres,
Ny luy approprier des fainctes mensongieres.
Chacun estimera mon veu bien acquité
Si ma Muse n'obmet rien de la verité.
    Mais tant plus apart-moy en voz grandeurs ie pense,
Moins ie voy où il faut que mon Hymne commence.
Ie dirois volontiers que dés le premier iour

Que le

Tempora ſe in biſidi traducere vertice montis
Iactet, & Aonios vbertim haurire liquorês.
Quid porro hi pariunt, niſi vana inſõnia,ſomni?
Fictaque terribili nequidquam monſtra figuræ,
Centauros, Hydraſq; truces, turpéq; Chimæra,
Gorgonaq;, & triplici latrantem Cerberon ore,
Et quæcunq; leues fingunt ſibi ſomnia mentes?
  Non iſtæ ad verum veræ virtutis honorem
Deformes faciunt laruæ, nihil eſt quod ab ipſa
Poſteritate fidem magis, applauſumq; ſequatur,
Quàm ſyncera ſolet nudi reuerentia veri.
Non illi ornaméta placent, placet vna,ſatiſq; eſt
Simplicitas, veluti quæ lato extenditur orbe
Gemma nitens, externæ operæ nihil indiga,
   ſpernit
Ornatum, ſatis eſt minimo ſi includitur auro.
  Quare ego dũ grata conor celebrare camœna
Eximias quæ te circunſtant vndique dotes,
Nil opus externis carmen variare figuris,
Quas mihi ſufficiat longè repetita vetuſtis
Fabula temporibus, malè conſentanea vero.
Hinc Muſæ ſatis ampla ſeges,ſua reddet abundè
Vota, modo è tanto nil prætermittat aceruo.
  At quò facta magis memori tua méte reuoluo,
Hoc magis in dubio verſor qua parte quòd in-
   ſtat
Ordiar: hinc animus deſcribere geſtit, vt inde

A iij   Iam te

Que le Soleil vous veid en ce mortel seiour,
Vous fustes bien-heureux, pour estre né d'vn pere
President honorable, & d'vne riche mere,
Et deslors tout bon-heur vous estant destiné
Sur vingt autres enfans vous nasquistes l'aisné.
Ie pourrois dire aussi qu'apres vostre naissance
Vostre bon-heur sans cesse ha pris son accroissance,
Et que de toutes partz vous fustes bien-heureux
En richesse, en santé, & en biens plantureux,
En trois bien renommez & honorables freres,
Qui de vostre Senat sont ores trois lumieres,
En femme vertueuse, en gendre, & en enfans,
Qui recueillent desia les honneurs triomphans,
Dont Dieu par sa faueur veut que vostre lignee
Soit de vostre viuant riche & bien fortunee.
Encores ie dirois auec iuste raison
Les grandeurs que reçoit vne illustre maison,
Quand d'infinis parens elle est entretenue,
Et de grande alliance ornee & soustenue.
  A peu d'hommes mortelz les fauorables Cieux
Departent comme a vous tous leurs dons precieux.
Rien n'est de toutes parts bien-heureux en ce monde,
Vne chose nous fault, quand l'autre nous abonde.
Tel ha peu recueillir grand nombre de tresors,
Qui ha veu deuant soy tous ses chers enfans morts,
Ne cessant de pleurer sa grand' mesauanture
Pour voir troubler chez luy l'ordre de la Nature,

Et malade

Iam te olim à primo Fortuna beauerit ortu
Nascentem, claro genitor cui nomine Præses
Contigerit, genitrixq́ amplo ditissima censu,
Bisq́ue super denos fausto sub sydere partus
Maximus in dulces natu sis editus auras.
Vt pote cui iam tum venienti prona fauebant
Numinaq́ue & facilis blanda indulgentia Fati.
Hinc memorare lubet constanti vt læta tenore
A' puero tibi sors ex parte arriserit omni,
Siue tibi semper mens sana in corpore sano
Spectetur, seu diues honos, aut copia rerum,
Seu terni potius fratres, iam terna Senatus
Lumina, seu castis lectissima moribus vxor,
Seu gener & nati, qui te viuo atque vidente,
Nulla vt parte sui tua possit summa carere
Gloria, iam proprijs clarent & honoribus ipsi.
Nec sileam illustri quæ magna accessio laudum
Fit domui, consanguineis cùm pluribus aucta
Surgit, & egregijs se affinibus vndique fulcit.
　　Non cuiuis adeo summi fauor altus Olympi,
Atque tibi, larga confert bona singula dextra:
Nunquã res hominum ex omni sunt parte beatę,
Deficit hoc nobis, vbi nobis suppetit illud.
Est qui multa auri numerat congesta talenta,
Idem immaturo sublatos funere natos,
Et sua Naturæ præpostera legibus ire
Dum videt, assiduo corrumpit lumina fletu :
A iiij　　　Inde vbi

Et malade il ne cesse en son lict de crier
Qu'il enrichist par force vn ingrat heritier.
A l'autre tous les ans au rebours est donnee
Par son espouse chaste vne heureuse lignee,
Mais tantost il se plaint proche de ses vieux ans
Que trop petit de bien il laisse a tant d'enfans.
L'vn n'est point en honneur, l'autre n'est point en grace,
L'vn de quelque forfaict void diffamer sa race,
L'vn trouue en ses desseins contraire le succez,
L'autre ha l'esprit troublé de plaidz & de procez,
A l'vn contre tout droict sa richesse est rauie,
L'autre void sans raison calumnier sa vie :
Bref lon en void bien peu qui puissent sans tourment
Viure vne vie heureuse auec contantement.
Mais a vous, Monseigneur, presque seul sur la terre
Toutes choses a gré succedent sans les querre,
Et sans rien endurer de mesaduantureux
Nous vous voyons en tout contant & bien-heureux,
Mesmes en vostre nom fatalement il semble
Comblé d'heur & d'honneur que tout en vous s'assemble.
   Du grand Dieu Tout-puissant la saincte volonté
Vous feit encores mieux ressentir sa bonté,
Quand outre les faueurs en la terre admirees
Ses celestes vertus il vous ha inspirees.
Premierement en vous de son Ciel il transmit
Vn vif & souuerain, & admirable esprit,
Par la faueur duquel les choses plus ardues

Vous furent

Inde vbi fata vocant, queſtu miſer omnia cõplet
Ingrato hæredi ſua mox quòd habẽda relinquat.
Huic contra optatam conſors dilecta quotannis
Dat ſobolem, ſed vbi extremi iam terminus æui
Appetit, immodicis premitur mens anxia curis,
Tam magno ille gregi bona quòd tam pauca re-
  linquat.
Hic populi applauſu caret, ille inglorius æuum
Tranſigit, hic turpi contractam crimine labem
Fœdè hærere ſuo generi dolet, ingemit alter
Quòd non æqua ſuis reſpondent numina votis.
Huic væſana fori perturbant iurgia mentem :
Huic rapiũtur opes, hunc dira Calumnia vexat.
Denique fœlicem paucis traducere vitam
Contigit, & vacuam curis, & pace fouentem.
At tibi ceu pleno fundunt ſeſe omnia cornu
Proſpera, nec variæ ſortis damna vlla timenti
Tota bonis tibi vita fluit pleniſſima tota,
Vt celebre à TOTO (ſi litera demitur vna)
Sermo tibi patrius meritò det nomen & omen.
  Nec minus & ſummi patuit tibi numen amicũ
Principis, auguſto qui temperat omnia nutu,
Cùm tibi poſt ſortis bona tot conceſſa caducæ
Addidit æternos animi cœleſtis honores.
Ille tibi, quo non aliud viuacius vllum
Ingenium immiſit, duce quo ſcitu ardua quæq;
                              Haud longo

Vous furent promptement tresfaciles rendues.
Et des voz premiers ans, il vous feit deuancer
Ceux que l'on auoit veu auec vous commancer
Leurs estudes en vain du trauail mesaignees,
Pour n'estre d'vn esprit Celeste accompagnees.
Par ce seul don du Ciel la foible humanité
S'oze bien approcher de la Diuinité,
Et produict des effectz hautains & admirables,
Aussi sont ilz causez par les Cieux fauorables.
Mais quand ce feu sacré, qu'Esprit nous appellons,
N'est en nous vif & aspre, en rien nous n'excellons:
Ains viuons sans laisser marque, ny tesmoignage,
Que nous ayons esté parmy l'humain lignage.
Qui n'ha ce don diuin, pour neant d'vn grand cueur
Employe en haults desseins son sterile labeur,
En vain il se trauaille, en vain il se contriste,
Puis que l'esprit pesant à son trauail resiste.
  Vous donques, Monseigneur, doué diuinement
D'vn celeste & hautain, & vif entendement,
Peustes és ans premiers de la ieunesse tendre
Les artz plus difficilz & plus obscurs comprendre,
Recueillir les thesors de mil autheurs diuers,
Et vous-mesmes escrire & en prose & en vers,
Ne laissant apres vous sciences proffitables
Dont vous n'eussiez ouuert les secretz plus notables.
  Puis en ce point instruict des sept Artz liberaux
Vous vinstes promptement surmonter les trauaux

De la

Haud longo spatio facilè superare valeres.
Hoc duce côfestim à prima anteuenire iuuenta
Visus es æquales omnes, languentia quorum
Vrgebant studia incassum, quòd nempe carerêt
Ingenij Cœlestis ope. Hoc se munere demum
Ad superos attollit homo, & mortalia linquens
Audet quæ soleant magna & miranda videri,
Vt quæ propitio testentur se edita Cœlo.
Igneus at vigor ille, suo quem nomine Mentem
Dicimus, in nobis vbi languet acuminis expers,
Ilicet haud quicquâ egregij patrabimus vnquâ,
Quo vulgi exemptos numero veniétibus annis
Nos etiam vixisse sciant aliquando minores.
Qui caret hoc, nequidquâ audax ille ardua têtat,
Nequidquâ se operi accingit, nam pôdere pigro
Ingenium obstat hebes, male faustaque cœpta
   retardat.
  Tu verò, diuini animi cui viuidus ardor
Insitus, à teneris haud segniter incipis annis
Quamlibet abstrusas mentem versare per Artes,
Atque tibi veterum è diuersis quærere scriptis
Thesaurum ingentem, mox vena diuite & ipse
Scribere, siue pedes iuncti, seu sermo solutus
Iuuit, & ornandæ si quid fuit vtile vitæ,
Nil intentatum mens indefessa reliquit.
  Artibº ergo bonis Musarum instructus ad alta
Tendis, & impliciti numerosa volumina Iuris,
                        Quæque

De la Iurisprudence, & des artz polytiques,
Propres pour gouuerner les grandes Republiques.
Lors orné de vertu & d'illustre sçauoir,
Il ne vous restoit plus sinon de faire voir
Quel loz vous estoit deu, & en ce premier age
Donner publiquement de vous vn tesmoignage.

　　Si lors Dieu ne vous eust destiné le grand heur
De vous combler de gloire, & de toute grandeur,
Il y auoit dangier que lors vostre ieunesse
Ne voulust sans trauail vser de sa richesse,
Iouyr de ses esbatz, complaire a ses desirs,
Et delaisser l'honneur pour suyure les plaisirs.
Assez l'on en ha veux en leurs adolescences
S'instruire sagement aux vertus & sciences,
Mais depuis qu'ilz perdoyent l'vmbre du gouuerneur,
Et que la volupté leur chatouïlloit le cueur,
Et qu'ilz sentoyent les biens & le riche heritage
Qu'ilz debuoient quelque iour auoir en leur partage,
Ilz perdoyent le soucy des Artz laborieux,
Et passoient vainement leurs ans plus precieux,
Et quittant la Vertu pour suyure la Paresse,
Ilz abusoyent l'espoir conceu de leur ieunesse.

　　Vous preuistes de loin que le bien terrien
Tenu par gens oisifz en fin retourne a rien,
Du feu de la chandelle imitant la coustume,
Qui plus facilement s'esteint, qu'il ne s'allume.
Encore sceuste-vous bien preuoir, Monseigneur,

Que celuy

Quæq; animũ formant ad res præcepta gerédas,
Assidua versas iura, vigilíque labore.
Iamque tot ornato studijs hoc scilicet vnum
Restabat, tua se vt manifesta in luce videndam
Præberet, specimenque sui daret inclyta virtus.

  Hic tua te dudum nisi fors ad summa vocaret,
Quàm meritò fuerat iuuenili ætate verendum
Tædia ne duri mox auersere laboris,
Et quocunque feret væsana, sequare, libido,
Posthabitoque leues lusus amplexus honore
Diuitijs vtare, vmbráque in deside viuas!
Vidi ego qui doctis pueriles gnauiter annos
Artibus imbuerant, tandem custode remoto,
Cũ tenerũ inciperet pectus malè suada Voluptas
Delicijs mulcere suis, mentemque subiret
Copiâ, mox illos rerũ quàm immensa manebat,
Doctrinæ curam quærendæ protinus omnem
Abijcere, in leuibus consumere tempora nugis,
Blandáque pro studijs carpentes otia, primæ
Turpiter ætatis medio spem fallere cursu.

  At tua mens longè illa sagax, & præscia vidit
Diuitias multo quæsitas ante labore
Patribus, in tenuem mox euanescere fumum,
Si contingat iners illis possessor habendis,
Flammæ ĩstar, minima quam opera restingue-
  re possis,
Non accendere item. Præuidit & illa volentem
Esse in

Que celuy qui veut estre vn iour en quelque honneur,
Ne doit en sa ieunesse apparoistre volage,
Il luy faut, s'il le veut, estre promptement sage.
Car celuy là qui ieune acquiert de fol le nom,
Quoy qu'il change de meurs, ne change de renom.
Il se trauaille en vain s'il pense qu'on le nomme
Par le tiltre qu'il ha mesprisé, de sage homme.
Pour le moins il luy faut, maugré son changement,
Son premier nom de fol retenir longuement,
Sans connoistre, sinon sur la fin de sa vie,
Que la tarde sagesse est sœur de la folie.
Vous sceustes, Monseigneur, tresbien apperceuoir
De loin cest accident, & lors vous faire voir
(Graces qu'on ne void presqu'en homme de nostre age)
En vn mesme temps docte, & riche, & ieune, & sage.
    Auec ces ornemens vostre noble desir
Cerchant le iuste honneur vint prendre son plaisir
En l'art plus malaisé qui soit entre les hommes,
Et plus recommendable au tempss auquel nous sommes.
C'est la vraye Eloquence, ennoblie des loix,
Qui gardent en bon-heur la couronne des Roys:
Le sçauoir de bien-dire, & bien ouurir les causes
De ce qui est plus iuste, & les raisons encloses
Es differentz obscurs, produictz des passions
Que l'homme ingenieux messe en ses actions.
    O que de fois alors vostre illustre eloquence
Mist ses nobles vertus en publique euidence !

Et de

Esse in honore olim à tenero debere vel æuo
Maturè sapere, & iuueniles ponere curas.
Quisquis enim à primo vitæ sibi tempore factis
Conciliat stulti haud temerè delebile nomen,
Vt mutet mores, famam at retinere necesse est,
Nec deinde expectet, quando neglexerit ante,
A`quoquam vt possit sapientis nomine dici:
Aut certè in stulti fama longùm ille manebit:
Donec supremo ætatis vix tempore discat
Quàm paulùm, quæ sera venit sapientia, distet
Stultitiæ. Verùm (tua quæ prudentia semper
Summa fuit) longè præuisum dedecus istud,
Vitasti, atq; hominū sibi quod vix arroget vllus,
Tu iuuenis, doctúsque simul, sapiensq;,potensq;
Visus es in nostro rarissima gloria sæclo.

   Talibus ornatus, laudumq; accensus amore
Huc tibi tu sternas vt iter per nobile munus,
Eligis id, quo non maius, non clarius vllum est,
Nimirum orandi longè plus omnibus artem
Difficilem, sancto quæ iure, & legibus æquis
Tuta supremorum seruat diademata Regum.
Et qua hominum pauci nitido præstare docétur
Eloquio, ac legum implicitos exoluere nodos,
Quasq; sibi imprudens, propriæq; inimica quieti
Mens humana creat, fando componere lites.
   O`quoties tua tunc, toto mirante Senatu

Emicuit

Et de doctes discours defendant l'equité
Contentoit du Senat la sage grauité,
Rauissoit les oyantz d'vn parler plein de grace,
Et du fier aduersaire estourdissoit l'audace.

O quantesfois alors le pauuret innocent
Fut sauué des aguetz, d'vn ennemy puissant,
Lequel contre raison d'vne iniuste esperance
Engloutissoit desia sa petite cheuance!
Certainement alors vous fustes, Monseigneur,
Des grands le ferme appuy, des petis protecteur,
Pour conseruer aux vns contre la calomnie
L'honneur auec les biens, & aux autres la vie.

Ayant en telz combatz sur maintz nobles espritz
Gaigné le premier ranc, & emporté le pris
Sur tous les mieux disantz, las du labeur extreme
Vous fustes honoré de cest honneur supresme,
Qui se donne a bien peu, c'est d'estre sans pareil
Premier des Aduocatz en doctrine & conseil.
Lors de tous les costez des Françoises Prouinces
Les plus riches Seigneurs, voire les plus grands Princes,
Voire tous les estatz a vous auoyent recours,
Afin de consulter leurs ambiguz discours,
Leurs obscurs differentz, & les raisons contraires,
Qui les rendoient doubteux en leurs plus grands affaires.
Celuy qui deuers vous en tristesse venoit,
Par voz sages propoz ioyeux s'en retournoit,
Les piteux affligez s'emplissoyent d'esperance,

Et les

Emicuit grauibus pollens facundia dictis!
Demulcensque lepore animos, hostemque su-
    perbum
Inuoluens, æquumq; cauens ne cedat iniquo.
    Ô quoties vno pauper te vindice tutus
Mansit ab insidijs alicuius, & arte potentis,
Qui tenues animo illius iam inuaserat omnes
Fortunas inhians, cæcaque libidine habendi
Percitus ardebat fas contra, iuraque contra.
Te columen, te præsidium sibi rebus in arctis
Sensit inops, sensit vitæ in discrimine diues.
    Iamque acres multos pugiles tua viuida vir-
    tus
Vicerat, in tali vt nemo certaret arena
Iam tibi, nec palmam tibi non concederet vllus
Eloquij, cùm tu ingentis, longique laboris
Pertæsus, cessas causas agitare forenses.
Nec mora supremum Prudentis adeptus hono-
    rem
Respondes de iure, & legum ænigmata soluis.
Te proceres, summique viri, te quilibet ordo
Consulere, & dubijs captare oracula rebus.
Si quis erat, tristem ancipiti sub pectore curam
Qui gereret, dulci eloquio contentus abibat.
Te firmante animos recreabat iniqua ferentes
Spes melior, causæque sibi iam conscius æquæ

B   Fidebat

Et les bons en leur droict prenoient ferme asseurance.
Mais ceux-là qui malings vouloient subtilizer,
Et par gauches moyens le bon droict déguiser,
Vaincuz par les raisons de voz sages parolles
Laissoient tres-volontiers leurs entreprises folles.
Car ayant bien gousté voz propoz gracieux
Ilz apprenoient que l'homme en vain est vicieux,
Cauteleux, & maling, s'il faut que la Iustice
Face dans sa ballance espreuue de son vice.
Les bons & les mauuais voz raisons escoutans
S'en retournoient chez eux satisfaictz & contens :
L'vn ioyeux d'esperer la victoire promise,
L'autre d'abandonner vne vaine entreprise.

Par telz sages conseilz vous monstrastes alors
De voftre esprit hautain les celestes thesors,
Et la vertu parfaicte, en tous pointz accomplie,
Propre pour gouuerner vne grand' Monarchie.

Lors voz concitoyens redoutans le dangier
Duquel les menaçoit l'ennemy estrangier,
Qui d'vn orgueil felon desployant ses banieres,
Se vantoit de forcer les Françoises frontieres,
Vous esleurent sur tous du grand Paris le chef,
Et Preuost des Marchands, afin que le méchef,
Qui sembloit s'approcher feust par vostre sagesse
Preueu & repoulsé. Lors la grande fortresse
Qui autour de Paris s'estend superbement,
Soubs vostre Magistrat prit son commancement :

Vostre main

Fidebat iuſtus, diffidebatque viciſſim
Improbus, & grauibus præbens ſermonibꝰ aures
Diſcebat fruſtra eniti quemcunque maligno
Corde iuuat verſare dolos, & adultera iura.
Cùm, tandem iuſti rem totam examinet æqua
Lance Dea, & ſcelus hoc in apertas ꝑferat auras.
Ergo domum audito te lætus vterque redibat,
Ille quòd in certam palmæ ſpem ſurgeret, iſte
Quòd vano incœpto deſiſteret. His tua demùm
Conſilijs patuit celſo mens edita Cœlo,
Illáque præ reliquis longè digniſſima virtus,
Viſa tua eſt, non obſcuræ quæ in puluere plebis
Priuatos inter lateat, ſed publica curet,
Et rerum ingentes meritò moderetur habenas.
  Tum miſeri, & cæca trepidi formidine ciues
(Forte ferox aderat multis cum millibus hoſtis
Vrbibus excidium noſtris, clademque minatus)
In te vnum conuerſi omnes, quem tépore duro
Magnæ præficiant vrbi, iubeantque cauere
Ne detrimenti capiat Reſpublica quidquam,
Ergo magiſtratu, quo non eſt amplior alter,
(Hunc Mercatorum Præfectum nomine dicunt)
Coniunctis te ornant animis, teque auſpice tuti
Proſpiciunt quanam præuiſa pericula fallant.
  Hîc vallo ingenti quæ propugnacula ſurgunt
Circa Pariſias arces, & mœnia firmant,
Auſpicijs ſunt cœpta tuis : tu prima locaſti

B ij   Fundamenta

Voſtre main bien-heureuſe en aſſit dans la terre
Le premier fondement, & la premiere pierre.
Dieu beniſſe l'ouurage, & luy doint autant d'heur,
Comme il luy ha deſia departy de grandeur :
Grandeur eſmerueillable a nulle autre ſeconde,
Qui ſe peut adiouſter aux miracles du monde.
Mais auant que finir ceſt annal Magiſtrat
Vous pourueuſtes a tout ce qui touchoit l'eſtat
De Paris, qui tiendra a tout iamais l'annee
Que vous fuſtes ſon chef, pour tresbien fortunee.
Ceſt illuſtre renom volant iuſques au Roy,
Sa Maieſté voulut vous approcher de ſoy,
Et dans ſon Parlement vous donna, fauorable,
Entre les Preſidens place treshonorable.
Là peut on voir a l'œil des le commancement
La conſtante equité de voſtre iugement.
Car ayant eu du ſort la chambre Criminelle
Pour y eſtre le chef, dans la triſte Tournelle
Voſtre premier arreſt tant priſé & loüé
Fut prononcé par vous contre ce Taboüé,
Lequel ſe confiant en fines calumnies
Auoit rauy l'honneur, & preſqu'oſté les vies
A pluſieurs innocens. Ilz eſtoyent condamnez,
Priuez de leurs eſtatz, confiſquez, confinez,
Ilz auoyent par arreſt d'vne Court venerable,
Infames & honteux, faiɛt amande honorable :
Ilz ſeruoient de riſee au peuple adulateur,

Et leurs

Fundamenta manu , primosq; in littore muros.
Vos modo tam egregio, vos aspirate labori,
Numina,& in longum populosa Lutetia tempus
Tam maneat foelix, vasta quàm mole superbit:
Mole quidem cui non æquè mirabilis extat
Altera, quæque auget magni miracula mundi.
Nec verò tibi depositus fuit annuus ille
Antè Magistratus, patriæ quàm rebus abundè
Prouideas, quæ se nimium viguisse beatam
Tali Præfecto longos iactabit in annos.
  Iamque tui ad Regem peruenerat inclyta fama
Nominis, ille tua propiùs virtute fruisci
Dum cupit, in summi clara te luce Senatus
Præsidibᵘ meritò adscriptū locat. Hîc vel in ipso
Limine iudicij patuit vis illa sagacis
Certa tui: tibi enim classis cùm forte regenda
Cessisset, cui Turriculæ dat Curia nomen,
Hîc vbi commissa est quærendi in crimina cura ,
Quod primū recitas placitum,fuit illud in omne
Tempus, conspicua longè memorabile fama,
Quo meritas poenas dedit impius ille Thaboüs,
Cuius confictis malè freta calumnia verbis
Insontes multos dulci spoliarat honore,
Penè etiam vita, vindex nisi certus adesses.
Heu miseri, extorres,opibusq; & honore minuti
Lugebant, magno sic decernente Senatu,
Sors erat illorum palpanti fabula turbæ,

B iij   Indignumq;

Et leurs biens dé trophee au rusé delateur :
Mais la bonté du Roy, apres leur doleance,
Vous ayant renuoyé leur douteuse innocence,
Et leur procez reueu par grand' maturité,
Vostre premier Arrest punist l'indignité
Du faux accusateur, qui lors souffrit la peine
De sa desloyauté cruelle & inhumaine.
Car l'amende honorable il fit a diuers iours,
Et en diuers Senatz : il fut tourné trois tours
Dedans le Pilory, & pour finir sa vie
Rien plus ne luy resta que honte & infamie.
De rien ne luy seruit des grands estre appuyé,
Et par meschants attraitz les auoir conuié,
Pensant fortifier ses ruses perissantes,
Aux confiscations des ames innocentes.
Vostre ferme vertu, mal aprise a flechir,
Pour cela ne se peut ny forcer ny gauchir,
Et bien que tost apres la Royale puissance
Des contraires Arrestz reprit la cognoissance,
Le vostre neant-moins fut par sa Maiesté
En son Conseil priué receu & arresté.
    Ainsi de voz vertus l'illustre renommee
S'estant enuers le Roy acreuë & confirmee,
Sur son plus grand Senat, de son sceptre l'appuy,
Il vous fit en honneur le premier apres luy.
Puis en son Conseil propre illustré de ses Princes,
Et des plus grands Seigneurs des Françoises Prouinces,

Auquel

Indignumq́; hofti bona fraude erepta trophæū:
Donec lugentum queſtus audiuit acerbos
Rex bonus, & totam tibi rem commiſit, vt acri
Iudicio, & firma ſcrutere indagine verum.
Mox re quæſita melius te iudice tandem,
Quas meruit pœnas ſua delatoris iniqui
Perfidia exoluit, turpi cum infecta rubore
Ora gerens, ignominia multatus & ipſe eſt,
Tædiferíque habitu populi traductus in ora
Sæpe fuit, varijſque locis, & corpore nudo
Ter circum infames furcas reuolutus in orbem
Infœlix toti ſpectacula præbuit vrbi.
Non illi procerum vanum captaſſe fauorem
Profuit, indigna dum ſpe vafer allicit illos
Ad proſcriptorum exuuias iniuſta luentum,
Tali vel præſidio nitens euanida firmet
Conſilia: idcirco tua flecti neſcia virtus,
Haud minus officij recta in ſtatione remanſit.
Et licet inter ſe Placitis pugnantibus ipſe
Rex cognoſcendam ſibi cauſam aſciuerit vni,
Attamen ille tuo ſtetit, & conſiſtere iuſſit.

 Atq; ita cum egregijs tuus increbreſceret actis
Rumor apud Regem, te patribus omnibus vnum
In magno, ſua quo nituntur ſceptra, Senatu
Præfecit, primaſque à ſe dedit. inde merentem
Amplexus magis atque magis, te rurſus in illud
B iiij Conſilium

Auquel se void reluire auec plus de splendeur
En toute Maiesté sa Royale grandeur,
Il vous receut, afin qu'en ses plus hauts affaires
Il experimentast voz conseilz salutaires.

Donques de toutes parts l'on vous void, Monseigneur,
Orné de dignitez, de louänge, & d'honneur,
Employant sainctement vostre vertu sacree
A departir les dons de la deesse Astree.
Par vous sont en leurs droictz gardez les gens de bien,
Par vous sont les malings en fin reduictz a rien,
Par vous en sa vigueur florist la Preud'hommie,
Par vous sont amortis les venins de l'Enuie :
Par vous aussi l'on void l'affronté delateur
Condamné iustement pour calumniateur,
Et pour iuste guerdon son ame desloyale
Languir chetifuement en vn corps pauure & palle.
Vous estes le fleau des hommes vicieux :
Mais vous estes des bons le secours gracieux,
Leur bouclier, leur appuy, & leur seure deffence,
Et le droict protecteur de leur iuste innocence.
Aussi daignez-vous bien aymer ouuertement
Les hommes vertueux dignes d'auancement,
Et les recommander de discours fauorables,
Pour les faire employer en charges honorables.

Telle est vostre bonté pleine d'affection,
Esloignee bien fort de celle fiction,
Dont quelques grands Seigneurs le plus souuent abusent

Les pauures

Confilium auguftum, facrum, cui præfidet ipfe,
Principibus, fummifq; viris, quos Gallia nutrit
Collegam afciuit, tua quò fidiffima longè
Confilia hinc illi dubijs in rebus adeffent.

Ergo quæfitum meritis decus vndique cingit
Virginis Aftreæ te munera fancta profeffum.
Tu feruas bonus infontes, tu inuifa nocentum
Facta domas, florent prifci te vindice mores,
Tabificufque perit liuor, fraudumque peritum
Mox delatorem detecta calumnia prodit,
Vnde (infidæ animæ meritò quæ debita merces)
Confcius ille fibi languenti corpore pallet.
Tu terror, tu pœna malis, durumque flagellum.
Tu contrà columenque bonis, rerumque fidele
Præfidium, & vindex iuftorum ac fraude caren-
    tum.
Nec fi quis pulchrum fpirat virtutis amorem,
Toto non illi præbes te pectore amicum
Commendans grauibus verbis & honoribus au-
    gens.
Illa parens rerum cùm te Natura creaffet
Humana infignem facie, fandique peritum,
Addidit humanos etiam mitiffima mores.
Hinc (tua nimirum in cunctos quæ prona vo-
    luntas)
Longè à fallaci quorundam more potentum
Fidus abes, blanda qui fpe lactare fuorum
                        Sæpe folent

Les pouures attendans, qui autour d'eux s'amusent.
Car de rien ne leur sert d'estre tressuffisans,
Capables, vertueux, bien-faisans, bien-disans,
Puis que de leur Seigneur l'affection sterile
Se descouure au besoin mollement inutile.
Qui sert a telz Seigneurs, il se trauaille en vain,
Ainsi que le paisant esparpillant son grain
Sur les bords, qui tous blancs de sablons apparoissent,
Pensant, le sot qu'il est, que les bons bleds y croissent.

   Mais vostre iuste, saincte, & entiere bonté
D'vne affection droicte estend sa volonté
Sur ceux dont la vertu par iuste droit merite
Qu'auec toute equité vostre appuy leur profite.
O combien est louable en celle authorité,
Que tiennent les plus grands, de voir leur grauité
S'adoucir quelquefois, & d'vn ioyeux visage
Se monstrer amateurs de tout l'humain lignage.
Faire aux plus vertueux departir les guerdons
Dignes de leurs degrez, fauoriser les bons,
Conseruer iustement la petite richesse
Au peuple inferieur, l'honneur a la Noblesse,
Et a tous le repoz & la tranquilité,
Asseurez fondemens de la felicité.

   Ceux qui d'vn œil chagrin arrogamment seuere
Mesprisent le preud'homme issu du populaire,
Et qui d'vn front farouche espouuantent de soy
Le Gentil-homme prompt a mourir pour son Roy,

                            Et qui ne

Sæpe folent animos, fictifque eludere verbis.
Ecquid enim ingenio, quid prodeft arte valere,
Virtutem amplecti, & lingua præftare, manuq;
Si Domini fterilem non refpondere fauorem
Indoleant meritis? planè labor irritus ille eft,
Ac fi littoreæ fua femina credat arenæ
Agricola imprudens, & fpe ludatur inani.
  At tu, cui recti ftudiofum eft pectus, & æqui,
Profequeris iufto affectu quicunque merentur
Præfidio tuti effe tuo: Nec dignius vllum eft
Officium fummo pofitis in culmine rerum,
Quàm fi paulum aliquid de maieftate remittant
Interdum, vultuq; hilari fe prorfus amicos
Exhibeant hominum genti, & quæ quifque me-
    retur
Sollicitè curent vt iufta fequatur & ille
Præmia, fynceræ virtutis amantibus æqui,
Integrum tenui foliti feruare popello
Fortunam, integrum patrij fplendoris honorem
Nobilibus, faciantq; adeò lætiffima cunctis
Otia, quæ vitæ funt fundamenta beatæ.
  Qui tetrico nimium vultu virtutis amantem
Defpiciunt hominem media de plebe creatum,
Nec minus & rigida frontis feritate feueræ
A fe arcent hominem generofo quálibet ortum
Sanguine, nec letum indocilé pro Rege fubire,
                              Atque bonos

Et qui ne font aux bons plus qu'aux mauuais de grace,
Rechignans vn chacun d'vne egale grimace,
A leurs propres amis hargneux, & mal plaifans,
Inutiles a tous, & a nul bien-faifans,
Certes meriteroyent loin de la Court des Princes
Sauuages habiter es pierreufes Prouinces,
Où la terre fans plus, fable & cailloux produit,
De Mifantropes tels le iufte & digne fruiçt.

　　Mais mon difcours trop loin de fon fubieçt f'efgare,
Ie le veux couronner de celle vertu rare,
Sans laquelle lon void noz autres açtions
Languir fans paruenir a leurs perfeçtions.
C'eft la fille du Ciel, la viue Diligence,
Qui les autres vertus met en leur excellence.
C'eft elle, Monfeigneur, par qui vous furpaffez
Tous voz predeceffeurs, qui es fiecles paffez
Ont eu pareille charge, & dont la iufte gloire
Entre les Senateurs eft encore en memoire.

　　Premier de grand matin vous entrez au Confeil,
Et fans aucun repoz, d'vn trauail nompareil,
Tous les moindres momens vous employez de forte,
Que toufiours vn bon fruiçt la Iuftice en r'apporte.

　　Ceft horrible Serpent, dont le col retranché
Sept teftes enfantoit de fon fang efpanché,
Ceft Hydre de procez, qui deuoroit la France,
Ores fe diçt vaincu par voftre diligence.
Car apres voz arreftz, la pure verité

Reluift en

Atq; bonos nullo,atq; malos difcrimine fpernūt,
Omnibus auerfi, nati nullius in vfum,
Ilicet hinc abeant, procul & Regalibus aulis
Rura feri lapidofa colant, vbi barbara tellus
Saxa modò, & fteriles fitiens producit arenas,
Quæ fola his hominum digna eft ofiribus efca.
  Verùm à propofito iandudum longius errat
Incœptum carmen: nunc tanquam extrema co-
  ronis
Poft tot virtutum fpecies addatur & vna,
Qua fine frigefcunt reliquæ,nec honore fruūtur.
Sedulitas illa eft, miferis mortalibus alto
Demiffum cœlo donum, quo fcilicet omnes
Impiger exuperas, quofcunque prioribus annis
Infignes fama decorauit purpura patres,
Fungentes, quo tu nunc munere fungeris, olim.
  Tu, noua cum fuadet folitos Aurora labores,
Ingrederis fummo repetitum manè Senatum
Primus, & intentis animis, quàm longa dies eft,
Vrges acer opus, nec punctum temporis vllum
In caffum ire finis, quin publica cōmoda cures.
  Innumeræ per te lites, queis Gallia dudum
Noftra laborabat, ceu dira iugiter Hydra
Per damnum crefcēte fuum, nunc deniq; cedūt.
Nam fimulac per te fententia lata refulfit,
Illuftrans nitidum diffufo lumine verum

Nox abit

Reluist en sa splendeur, sans que l'obscurité
Au plaideur baille prise, afin qu'il renouuelle
Vn nouuel incident sur la vieille querelle.
Mais ce n'est pour vn iour, qu'auec toute rigueur
De vostre diligence on cognoist la vigueur,
Ains sans perdre son cours pour chaud, ny pour froidure,
Tant que l'an peut durer, constammant elle dure,
Et va de iour en iour, d'vn tour perpetuel
Monstrant de ses trauaux l'effort continuel.
Cest extreme trauail beaucoup ne vous trauaille,
Mais bien tout au rebours plus grand' force il vous baille.
Car apres longs labeurs, vostre esprit plus dispos
Reprend nouueau labeur sans languir en repos,
Non plus que le Soleil, dont l'aspre diligence
Iour apres iour son cours commance & recommance,
Et bien qu'il ayt par tout son Zodiac passé,
Il recommence encore, & n'est iamais lassé.

A toutes ces vertus rien donc plus il ne reste,
Sinon qu'il plaise a Dieu, par sa grace celeste,
Long temps vous conseruer en la felicité
Que des voz premiers ans vous auez merité,
Afin que plus long temps les nations de France
De voz rares vertus ayent la iouyssance.

F I N.

Nox abit, & dubiæ nigra iam caliginis vmbra
Nulla fubeft, rixofa homini quæ præbeat anfam
Nectendi ex alijs alias longo ordine lites.
Nec verò ifta die vigilantia clauditur vno,
Sed penitus totum vrget indefeffa per annum.
Non æftus illam, non frigoris vlla moratur
Afpera vis, fed perpetua vertigine feruet,
Nec tibi mens tanto deuicta labore fatifcit,
Acrior hinc furgit vigor, augefcitque ferendo,
Præteritumque recens fequitur labor vfque la-
    borem.
Sic eadem femper relegens veftigia Titan
Irrequietus agit curfum, duodenaque menfus
Signa, remetitur, nec tempore frangitur vllo.
    Ergo tot, tantifque tuis virtutibus vnum
Reftat, vt ille Parens rerum, certiffima cuius
Gratia de Cœlo mortales afpicit alto,
Quæ tibi iandudum mitiffima fata merenti
Conceffit, longos eadem concedat in annos,
Teque frui longùm fœlix tua Gallia poffit.

F I N I S.

www.ingramcontent.com/pod-product-compliance
Lightning Source LLC
LaVergne TN
LVHW012332060726
842524LV00017B/1176